AF347330

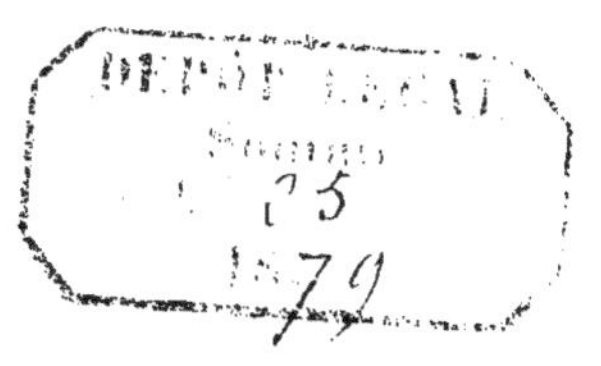

✝

ALLOCUTION

PRONONCÉE PAR M. LE CURÉ DE DRUCAT

A L'ISSUE DE LA MESSE

DANS LA CÉRÉMONIE DES OBSÈQUES DE

Monsieur Henri-Léopold de BRUTELETTE

CÉLÉBRÉES EN L'ÉGLISE DE CETTE PAROISSE

LE 28 DÉCEMBRE 1878

ABBEVILLE

IMPRIMERIE C. PAILLART

24 — Rue de l'Hôtel-de-Ville — 24

1879

ALLOCUTION

PRONONCÉE PAR M. LE CURÉ DE DRUCAT

A L'ISSUE DE LA MESSE

DANS LA CÉRÉMONIE DES OBSÈQUES DE

Monsieur Henri - Léopold de BRUTELETTE

Célébrées en l'église de cette paroisse

LE 28 DÉCEMBRE 1878

Mes Frères,

Ce n'est pas un éloge, dans le sens profane et purement humain de ce mot, que la voix de votre Pasteur vient faire descendre du haut de cette chaire. — La sainteté du lieu qui nous réunit semblerait s'opposer à une telle louange. — Dans le temple de Dieu, à Dieu seul doit s'adresser l'hommage..... Mais louer les dons de Dieu et glorifier quelqu'une de ses œuvres, n'est-ce pas encore louer Dieu?

En présence d'une vie sainte, alors surtout que l'auréole d'une sainte mort est venue en couronner les sommets et en parfaire la beauté, serait-ce donc pour un prêtre témérité blâmable de laisser le ravissement de son cœur s'épanouir un peu sur ses lèvres, et oserait-on le condamner, s'il voulait faire monter vers le suprême Auteur de toute sainteté un cri de pieuse reconnaissance et l'encens embaumé de la bénédiction?

Sainte vie !.... Sainte mort !.... Où trouver plus radieusement évoquée l'image de ces deux meilleures grâces du bon Dieu qu'en présence de ce cercueil où le rayonnement de la gloire chrétienne semble effacer l'humiliation naturelle, et qui, semblable aux reliquaires de nos autels, va désormais (nous avons droit de l'espérer) conserver précieusement, pour le triomphe de la résurrection, les restes vénérables d'un prédestiné et d'un élu.

Dans la figure de Monsieur Henri-Léopold de Brutelette, d'autres sans doute, associés de plus près à sa vie sociale et intime, et mieux placés pour pouvoir dignement apprécier les richesses de son esprit et les trésors de son cœur, saisiraient une agréable variété de traits dont la peinture charmerait tous les regards.

Ici, aux pieds des autels, c'est le chrétien *avant tout* qu'il nous faut voir. Et ce que fut, sous ce rapport, celui que nous pleurons, vous le savez trop bien, très-chers Frères, pour vous étonner que notre sainte Mère l'Église, avant de voir descendre au tombeau un fils qui l'a tant aimée, ait tenu à s'incliner respectueusement devant lui et qu'elle veuille lui donner le salut d'honneur.

Me faire ici l'interprète de votre admiration pour ce beau caractère chrétien, m'a semblé, — laissez-moi l'avouer, — un devoir ; il m'a paru, encore une fois, qu'en cette circonstance la parole du Pasteur devait offrir à Dieu un tribut de remerciements et de louanges; et c'est ce devoir, que maîtrisant, s'il est possible, la violence d'une trop légitime émotion, je voudrais, en ce moment, m'efforcer de remplir, pour la plus grande gloire de Dieu et à l'honneur de son fidèle serviteur.

Non pas, certes, (et ce nous est une douce consolation de le penser), que cet éloge soit aucunement nécessaire et doive ajouter pour personne à la gloire de celui qui en est l'objet. — Il est des vices qui suffisent à se louer elles-mêmes ; — et ce magnifique privilége, quelle autre que cette chère existence serait plus en droit de le revendiquer?

Après tout, s'il eût fallu quelque témoignage extérieur pour couronner un front si vénéré d'un dernier joyau qui en complétât la gloire, ce témoignage, ne l'aurions-nous pas présentement, dans l'empressement de cette foule, accourue de tous les points du village à cette lugubre cérémonie, — de cette foule que je pourrais appeler la paroisse toute entière et dont les rangs pressés débordent de cette enceinte, trop petite pour la contenir?

Une telle affluence, — alors que, comme ici, ce n'est point une banale exigence des convenances mondaines qui la provoque, mais le sentiment d'une estime réelle et d'une affection profonde, — oui, vraiment, une telle affluence n'est-elle point, à elle seule, un panégyrique mille fois plus éloquent que toutes les louanges des lèvres ; et, pour nous, le meilleur éloge de celui qui n'est plus n'y apparait-il pas tout entier?

C'est par la vertu, et la vertu seule, que l'homme acquiert sa valeur. Sans elle, l'âme la mieux douée des dons de l'intelligence serait à peu près comme un arbre dont le feuillage luxuriant séduirait les yeux, mais auquel manqueraient, pour compléter le charme, et le brillant coloris et le délicieux arôme de la fleur.

Monsieur de Brutelette avait reçu d'en haut un esprit éminemment apte à discerner le vrai, à saisir le beau, et à fouiller d'une main sûre le vaste champ des connaissances humaines. Nul n'ignore combien la délicieuse retraite du cabinet lui était chère, et quelles douces heures il y passait tous les jours, puisant avec une sainte passion dans les trésors de science laissés

par les Maîtres, et (disons le d'autant plus haut que
sa modestie s'était plus ingéniée à le cacher), y ajoutant
de son propre fond, et les augmentant, aux applau-
dissements mérités des meilleurs juges, du fruit de
ses infatigables recherches et de ses patientes élabo-
rations.

Le savant, — s'il n'eût été que savant, — aurait, il est
vrai, conquis sans conteste les éloges d'autres savants
dignes d'apprécier son mérite ; — mais c'eût été tout ;
or, nous le disions tout-à-l'heure, être grand, supérieur
même, par l'intelligence, c'est trop peu pour l'homme,
c'est trop peu surtout pour le chrétien. — Grâces à Dieu,
chez Monsieur de Brutelette, la science dont il sut être
l'énergique et heureux champion, ne fut, comme
elle devrait l'être pour tous, que le piédestal de la
vertu.

Être vertueux, — homme de bien, — telle fut sa
principale et persistante ambition ; ou plutôt, — à vrai
dire, — il n'en eut point d'autre. — Dans sa belle vie,
la vertu, occupa toujours et invariablement la place
qu'elle avait droit d'obtenir, c'est-à-dire la première.
Aussi bien, est-il besoin d'en exprimer la glorieuse con-
séquence. La science l'eût fait connaître de quelques-
uns, la vertu le fit aimer *de tous*; et qui eût pu ne pas
aimer une vertu telle que la sienne ?

O vous, noble et vénérée famille, dont il était la joie
et l'amour, et dont il va rester désormais le plus cher
modèle, quel beau, quel gracieux récit serait le vôtre,
— si, — en ce douloureux moment surtout où le déchi-
rement du cœur semble raviver davantage les souvenirs
intimes, — il était donné à chacun de vos membres de
retracer ici à nos regards ce que son cœur trouva dans
celui de l'aimable défunt, de suaves tendresses, d'atten-
tions délicates, d'affection cordiale, de constant et généreux dévouement !

Mais ce cœur, il était trop large et, d'instinct, il se dilatait trop pour pouvoir borner à l'horizon restreint du foyer domestique ou du cercle de la famille l'expansion de son amour et de ses bienfaits.

Levez-vous, chers habitants de cette paroisse, oui, levez-vous, et devant tous dites bien haut s'il vous eût été possible de rencontrer un meilleur concitoyen, que dis-je ? de posséder un ami meilleur, un ami plus enclin à l'indulgence et plus prompt à pardonner, d'un esprit plus sincèrement conciliant envers ceux qui partageaient des idées dont sa sagesse éclairée et sa profonde expérience le tenaient personnellement éloigné, — un ami plus admirable d'aménité dans ses entretiens, de douceur et de délicatesse parfaite dans toutes ses relations, moins disposé à garder souvenir, bien moins encore à tirer vengeance des ingratitudes d'autrui, — ingratitudes pourtant que la grande bonté de son cœur devait lui faire trouver si amères ! — un ami enfin plus serviable à tous, et surtout plus secourable aux pauvres. — Plus secourable aux pauvres..... n'est-ce pas ce que veut dire cette modeste couronne que tout-à-l'heure la main émue du pasteur déposait sur son cercueil..... *au nom des pauvres reconnaissants !*

Mais, en vérité, cette déposition publique et officielle pourrait-elle donc rien ajouter au témoignage de l'évidence ? — La tristesse profonde que je lis sur tous les visages, les larmes abondantes que, depuis l'annonce de la fatale nouvelle, on a pu voir couler de bien des yeux, le concours spontané à ces touchantes funérailles des deux conseils de la Commune et de la Fabrique, qui se sont fait un devoir d'en rehausser l'éclat par leur présence, — et surtout, pendant les semaines précédentes, cette sollicitude continuelle qui vous portait à interroger votre curé ou d'autres personnes sur la position du vénérable malade, l'expression hautement formulée par tous de l'importance qu'ils attachaient à une perte, d'une imminence, hélas ! déjà trop facile à prévoir, — tant de marques de respectueuse et affectueuse sympathie ne donnent-elles pas la mesure de l'amour que le cher défunt avait daigné montrer à tous ! Tout cela ne dit-il pas assez de quelle estime il avait su se rendre digne et combien il était bon ?......

Ah ! très-chers Frères, vous avez bien senti qu'agir de la sorte, que suivre ainsi l'impulsion de la reconnaissance, c'était vous honorer vous-mêmes ; — en le faisant, vos cœurs ont prouvé qu'ils n'étaient point indignes de l'affection dont ce noble cœur avait bien voulu les entourer.

Qu'il soit permis à votre pasteur de vous en féliciter !

Il nous serait doux de la décrire en détails, cette affection si délicieusement aimable, — cette affection qui s'imposait à tous d'autant plus irrésistiblement que, servie par une discrétion et un tact parfaits, elle semblait moins y prétendre, — cette affection qui saisissait le cœur, pour ainsi dire, à son insu et sans qu'il fût jamais tenté de se mettre en défiance, cette affection enfin dont plusieurs, peut-être, ne comprendront bien toute l'influence qu'elle exerça sur leur vie que désormais, après que la main de la mort vient d'en éteindre le foyer.

Mais, si, dans cette belle existence, la vertu put resplendir d'un si vif éclat, — c'est qu'elle empruntait sa sève à la religion et plongeait profondément en elle ses racines, — c'est qu'elle n'était pas seulement la vertu, mais la vertu *chrétienne*.

Au sein de sa famille, et, plus tard, sous la puissante direction de la Compagnie de Jésus, dont Dieu lui avait fait la grâce d'être le disciple et pour laquelle il professa toujours un culte affectueux, bien digne de son grand cœur, — Monsieur de Brutelette se pénétra à fond de cet esprit religieux qui devait faire porter à sa vie de si beaux fruits et lui valoir un jour une si heureuse mort !

La vivacité de ses sentiments chrétiens vous est assez connue, très-chers Frères, pour que je n'aie point ici à en faire la preuve par un tableau détaillé. Que de fois le spectacle qu'il en donnait ne nous a-t-il pas fortement impressionnés et délicieusement ravis ?

D'une foi aussi éclairée que convaincue, son unique ambition était de se montrer en tous points le fils soumis de Dieu et de l'Église, accomplissant d'un cœur joyeux et avec une scrupuleuse exactitude les moindres prescriptions de la religion, apportant dans la pratique des devoirs du chrétien toute la simplicité d'un enfant, et d'ailleurs, laissant voir en cela comme dans tout le reste, cette horreur de toute apparence d'ostentation, cet esprit saisissant d'ordre et de régularité qu'il avait su se rendre si naturels et dont jamais on ne le voyait se départir.

Il avait la crainte de Dieu, bien plus encore il en possédait l'amour. A une époque où le grand malheur de beaucoup d'hommes est de n'avoir plus, en matière religieuse, que des notions incomplètes ou altérées, que des croyances plus ou moins mobiles et vacillantes, qu'un christianisme trop exclusivement superficiel, qu'un courage surtout prompt à défaillir devant les difficultés et à subir cette impression de la peur qui s'appelle le respect humain, il offrit à tous ceux qui le connurent ce spectacle, le plus beau entre tous, d'un chrétien intègre dans sa foi, tenace dans ses convictions, dévoué et généreux dans son amour, d'un chrétien dont la seule soif est de connaitre le bien pour le faire, et qui ne sait qu'une chose, obéir malgré tout et marcher quand même, dès que la voix de Dieu et la lumière de la conscience lui ont montré le chemin à suivre. — Incapable de ces honteux calculs qui en portent tant d'autres à faire comme un triage dans le programme de leurs devoirs, à choisir entre le bien et le bien au gré de leurs impressions personnelles ou suivant le funeste conseil des circonstances, — il accomplissait indifféremment tout bien ; — et foncièrement chrétien, chrétien, (s'il est permis d'employer cette expression), jusque dans la moëlle des os, il ne connaissait et ne subissait d'autre influence que celle du sens chrétien, de l'esprit chrétien dont s'imprégnait sa vie toute entière. En lui, tout était chrétien, et il n'y avait rien qui ne fût chrétien.

Aussi, quelle belle floraison que celle de son âme !

Comment ne pas dire un mot de son *humilité ?*

L'humilité, ce cachet distinctif de tout ce qu'il y a de plus grand et de meilleur dans le monde des âmes, — l'humilité, cet arôme exquis de toute vertu, — n'était-elle point en effet sa perfection dominante, sa qualité de prédilection ? — Humble, il le fut...., comme peu savent l'être. Aux regards du monde, parfois peut-être l'éclat de ses vertus parut en souffrir un peu, — mais ce qu'elles semblaient perdre sous ce rapport, elles le gagnaient en profondeur aux yeux de Dieu qui voit le fond du cœur. Et en réalité, — ô mes Frères, — que sommes-nous donc, hormis ce que nous sommes devant Dieu ?.... — Cette humilité, — comme du reste, tout ce qu'il y avait de bon en lui, s'embellissait encore et devenait plus charmante par la simplicité si douce dans laquelle elle aimait tant à s'encadrer. — Jamais rien d'affecté ou qu'on pût soupçonner de vouloir l'être, — tout dans l'ordre et dans la paix, tout pour Dieu seul, tout en Dieu seul ! Inspiré par une rare droiture de conscience, il ne se jugeait que par ce qu'il valait réellement devant Dieu, et, grâce à cette humilité profonde qui l'aveuglait, il croyait valoir si peu !....

Ah ! s'il nous était possible de révéler ici certains détails d'une nature tout-à-fait intimes et connus seulement d'un très-petit nombre, de ceux-là seuls qui pouvaient lire jusque dans son âme !..... Qu'il nous suffise d'en avoir évoqué la mémoire pour y puiser les plus grands motifs d'espérance !

« Quiconque se sera abaissé sur terre, — avez-vous dit, ô Jésus, — je l'exalterai et le glorifierai au ciel. »

Pour les cœurs qui chérissaient ici-bas le pieux défunt, et qui, maintenant, ont faim et soif de son bonheur éternel, quelles précieuses, quelles ineffables consolations dans ce souvenir de la promesse d'un Dieu !

S'il est vrai que, dans une vie bien ordonnée, toutes les vertus se donnent la main, avons-nous besoin d'ajouter que chez Monsieur de Brutelette la très-aimable *charité* fut toujours la compagne de la très-sainte humilité ?

Autant ses lèvres demeuraient obstinément fermées, quand s'offrait une occasion d'accuser le prochain ou de le condamner, autant, par contre, on était sûr toujours de les voir s'ouvrir avec empressement, dès qu'il s'agissait de pallier ses torts et de lui obtenir le bénéfice de l'indulgence.

Il avait appris de sa foi que la vraie charité chrétienne, la seule complètement digne de ce nom, c'est le sacrifice, le don de soi-même..... Aussi bien, s'il puisa largement dans sa bourse, en vrai disciple de Jésus-Christ, bien plus largement encore il donna *de son cœur*.... ; et son plus vif désir, selon le précepte de l'Evangile, était que le don de sa main droite restât ignoré de sa main gauche.

Pour bien savoir toute l'étendue des bienfaits que

procurèrent ses aumônes, du bien, plus abondant encore, qu'il fit par ses conseils si pleins de sagesse et de bienveillance, par ses services, qu'il suffisait à tous de solliciter pour se les voir assurer, par son dévouement non moins ingénieux qu'infatigable, son dévouement de tous les jours et de tous les instants, il nous faut attendre que l'Ange des suprêmes révélations vienne ouvrir au dernier jour le livre d'or où, par la main de Dieu, sont inscrites les bonnes actions des hommes. Quelle page magnifique et bien remplie sera celle de sa charité! Et, quand le Souverain Juge l'aura lue devant tous, ah! comme nos regards auront besoin de s'élever haut pour retrouver celui que nous pleurons dans ce beau royaume du Paradis, parmi ces trônes éternels, où les âmes les plus glorifiées doivent être celles qui auront le plus aimé!

« Heureux les miséricordieux, — a dit aussi Jésus-Christ, — parce qu'il leur sera fait là-haut miséricorde? »

Et *son esprit de prière! Son esprit de prière!....* Qui pourra bien le dépeindre? La prière, elle fut vraiment la respiration de sa vie, comme la sève et comme le sang de son âme. Sans elle, sans l'influence et l'action incessante sur son cœur de la grâce divine qui en est le fruit, eût-il pu être ce que nous l'avons vu, humble, bon, charitable, vertueux comme il le fut? — Quand il priait, — et il priait si souvent, et il priait sans cesse! toute son âme passait pour ainsi dire sur ses lèvres.

Chaque matin, il assistait à la sainte Messe, alors même plus d'une fois (on l'a su depuis), que de cruelles souffrances avaient pendant la nuit changé son lit de repos en une couche de douleurs. Chaque soir, on était sûr de le retrouver encore, montant sa faction d'amour, aux pieds de ce même autel qui le matin avait reçu les prémices de ses adorations, et s'était embaumé de ses premières prières.

Jamais, très-chers Frères, le prêtre qui vous parle n'oubliera les émotions et le doux ravissement où le jeta si souvent, le soir surtout, à la visite du Très-Saint Sacrement, la vue de cet homme du monde, de cet homme haut placé par l'intelligence et la fortune, prosterné à deux genoux dans l'ombre du sanctuaire, et là, priant tout haut, dégustant pour ainsi dire et savourant à longs traits chaque syllabe des saintes formules, égrenant entre ses doigts son chapelet, et se frappant la poitrine, comme le plus misérable des pécheurs, avec une force où l'on sentait s'affirmer celle de sa foi et de son humilité. Jusqu'à mon dernier soupir, le souvenir aimé en vivra, comme une douce joie, dans mon cœur, et je bénirai Dieu du parfum d'édification qu'il m'a permis de recueillir.....

La fête de l'Adoration perpétuelle, il y a un mois, le trouvait agenouillé, au milieu de vous, à la table sainte, à ce banquet eucharistique où, quelques fois ici, très-souvent ailleurs, il aimait tant, en vrai chrétien qu'il était, à venir manger le pain des forts et à se plonger dans la vie même de son Dieu.

Et le lendemain, il tombait..... il tombait, hélas !..... pour ne plus se relever..... cette communion de la grande fête avait été presque son Viatique ! — Il ne le croyait pas sans doute, mais, l'eût-il su, non, je n'hésite pas à l'affirmer, il n'eût point communié avec plus de foi, plus de recueillement, plus de bonheur au cœur.

C'était le premier Dimanche de l'Avent. La sainte Église commençait en ce jour la grande préparation à l'avènement de J.-C. dans les âmes. Lui aussi, en s'étendant le soir sur sa douloureuse couche de malade, après avoir assisté, suivant sa louable habitude de chaque Dimanche, à la Grand'Messe et aux Vêpres de sa paroisse, il commença une préparation non moins importante et plus décisive encore en apparence, la préparation à sa prochaine entrée dans le Paradis.

Le jour de l'Immaculée-Conception de la Sainte-Vierge, de sa bonne Mère du Ciel à laquelle, toute sa vie, il s'était montré si dévot, le Sauveur Jésus quittant son tabernacle, vint visiter sa chambre et son cœur. — Il y revint encore, quinze jours plus tard, avant que l'onction suprême de l'huile sainte vint effacer dans son âme si pure les derniers restes du péché! — Et, à chacune de ces saintes cérémonies, quelle touchante explosion de sentiments chrétiens! Comme c'était beau, édifiant pour la terre, ravissant pour le ciel et consolant pour les siens!

Gardons-nous bien toutefois de vouloir rien trouver, dans les dernières lueurs jetées par ce flambeau qui va s'éteindre, de cet éclat extraordinaire dont le monde, porté à ne juger que par les dehors, ferait volontiers, mais bien à tort, la marque obligatoire de toute grandeur et de toute beauté morale. Notre attente peut-être serait quelque peu déçue. Simple et humble il avait été pendant la vie, — humble et simple on le retrouva encore entre les bras de la mort, — mais, à la mort comme dans la vie, toujours par cela même, plus admirable devant les hommes et devant Dieu!

Peu de jours avant celui qui allait être pour lui le dernier, il se fit apporter de son château de Drucat le petit crucifix qu'il y avait laissé et qui lui servait d'ordinaire, cette image du Dieu mourant avait été le livre où son âme avait appris à bien *vivre*; — à l'approche du trépas, il voulut l'avoir encore entre les mains, pour y puiser la science et la grâce de bien *mourir*...

Devant son lit de mort, où sa figure pâle mais toujours aussi belle et aussi douce, semblait offrir dans la souriante placidité de ses traits comme un reflet du ciel entrevu, et prêcher à tous quel bonheur c'est de s'endormir dans le Seigneur, — nos yeux, voilés par les larmes, — purent le voir encore sur son cœur, ce cher petit crucifix, tout imprégné de ses derniers soupirs.

Le crucifix sur le cœur.... n'était-ce pas bien tout le résumé de sa sainte vie, — n'était-ce pas tout le secret de sa belle mort ?

Les derniers jours, ceux qui l'entouraient de leurs soins et de leur amour, avaient remarqué avec attendrissement que le pieux mourant multipliait de plus en plus ses beaux signes de croix. — Aussi, lorsque, sanctifié par la suprême épreuve de l'agonie, il apparut enfin aux pieds de son Juge, la sentence à prononcer ne pouvait être douteuse devant ce signe des élus ; tout son corps en portait l'empreinte, toute son âme surtout en exhalait l'amour !

Les joyeux carillons des cloches venaient de sonner les premières Vêpres de Noël, quand son âme, mûre pour le bonheur, quitta enfin cette terre d'exil et prit son essor vers la patrie. — C'était l'heure où sur les lèvres de tous ses ministres l'Église catholique plaçait ces paroles de fête : « O doux Sauveur du monde, ô Dieu humble et patient, nous vous offrons un hymne de louanges à la gloire de votre très-sainte naissance » (1).

Au pied de ce lit de mort, ceux qui l'avaient tant aimé et dont les baisers ne trouvaient plus, pour s'y reposer, qu'un front décoloré et sans vie, n'avaient-ils pas le droit, eux aussi, à travers leurs larmes consolées et radieuses d'espérances, de murmurer dans leurs cœurs ce même chant de divine allégresse ? —

(1) « .... Natalis ob diem tui,
« Hymni tributuns solvimus. »
(Hymne des Vêpres de la Nativité).

Pour les saints en effet, mourir, n'est-ce pas naitre, et, dans la langue si expressive de l'Église, le jour de leur trépas n'est-il point appelé un jour de joyeuse naissance ?

Voici comment meurt le juste ; — et, ne l'oublions pas, mes Frères, on est sûr de mourir en juste, quand on a vécu en saint.

Et maintenant, sur le point de voir celui que nous pleurons quitter, pour n'y plus jamais rentrer, cette chère petite église de Drucat que son cœur a tant aimée, son zèle tant embellie et parée, ses pas si souvent foulée, sa piété si suavement embaumée, — cette chère petite Église que son souvenir va nous rendre maintenant encore plus aimable, — une dernière fois remercions Dieu du fond de nos cœurs de nous l'avoir donné comme ami et comme modèle sur la terre, et désormais comme protecteur dans les cieux. — Prions avec ferveur la divine miséricorde de lui ouvrir sans retard, s'il n'y triomphe déjà, ce bienheureux séjour de la lumière et de la paix que le Seigneur daigne réserver, pour toute l'éternité, à la récompense des Chrétiens fidèles. — Et puis, disons-lui tous l'adieu chrétien, cet adieu, resplendissant d'espérances, qui veut dire *au revoir*.... pour le ciel, pour le ciel où les enfants du bon Dieu se retrouvent dans le bonheur et ne se quittent plus, — pour le ciel où, si nous le voulons, — nous pourrons nous aussi, goûter un jour avec lui la vraie vie, la seule qui ne doive point finir !

« Il fut aimé de Dieu et des hommes, et sa mémoire est en bénédiction.

(Ecclésiastique, XLV, 1). »

« Heureux les morts qui sont morts dans le Seigneur.

(Apocal. XIV, 13). »

Abbeville, imprimerie C. Paillart

www.ingramcontent.com/pod-product-compliance
Lightning Source LLC
LaVergne TN
LVHW010833180726
843502LV00009B/3542